글 박성우

2000년 중앙일보 신춘문예에 시가 당선되고, 2006년 한국일보 신춘문예에 동시가 당선되며 작품 활동을 시작했습니다. 시집 『거미』『가뜬한 잠』『자두나무 정류장』『웃는 연습』『남겨 두고 싶은 순간들』, 동시집 『우리 집 한 바퀴』『박성우 시인의 첫말잇기 동시집』『삼행시의 달인』『받침 없는 동동시』, 청소년시집 『난 빨강』『사과가 필요해』, 산문집 『마흔살 위로 사전』, 어린이 책 『아홉 살 마음 사전』『열두 살 장래 희망』, 그림책 『소나기 놀이터』『엄마 어디 있지?』를 냈습니다.

그림 김효은

대학에서 섬유디자인을 전공했고 입필미래그림연구소에서 공부했습니다. 그동안 그림책 『나는 지하철입니다』『우리가 케이크를 먹는 방법』『내가 있어요』를 쓰고 그렸고, 『기찬 딸』『아홉 살 마음 사전』『잘 헤어졌어』 등에 그림을 그렸습니다.

아홉 살 환경 사전

2025년 5월 21일 초판 1쇄 발행
2025년 8월 25일 초판 3쇄 발행

글쓴이 박성우 • 그린이 김효은 • 펴낸이 염종선 • 책임편집 최진영 • 디자인 반서윤 • 조판 박아경
펴낸곳 (주)창비 • 등록 1986. 8. 5. 제85호 • 제조국 대한민국 • 주소 10881 경기도 파주시 회동길 184
전화 031-955-3333 • 팩스 031-955-3399(영업) 031-955-3400(편집)
홈페이지 www.changbi.com • 전자우편 noma@changbi.com

ⓒ 박성우, 김효은 2025
ISBN 978-89-364-4893-6 73710

* 책에 수록된 각 단어의 뜻은 국립국어원 표준국어대사전에 따라 썼습니다.
* 이 책 내용의 일부 또는 전부를 재사용하려면 반드시 저작권자와 창비 양측의 동의를 받아야 합니다.
* 책값은 뒤표지에 표시되어 있습니다. * KC마크는 이 제품이 공통안전기준에 적합하였음을 의미합니다.
* 사용 연령: 5세 이상 • 종이에 베이거나 긁히지 않도록 주의하세요.

아홉 살 환경 사전

박성우 글 | 김효은 그림

창비

🍀 환경 사전 사용법 🍀

환경은 우리가 살아가는 토대입니다. 동식물과 조화롭게 공존하며 자연을 보호하는 태도는 우리 주변 환경에 주의를 기울이는 것에서부터 출발합니다. 환경을 주제로 하는 글이나 대화에 사용되는 다양한 표현을 익히면 연관된 개념을 자연스럽게 이해할 수 있습니다.

『아홉 살 환경 사전』은 '가꾸다'부터 '회복하다'까지 환경과 관련된 말 80개를 가나다순으로 소개한 책입니다. 환경에 관해 서술하거나 감상할 때 필요한 표현을 그림과 함께 보여 주면서 그 뜻을 이해할 수 있도록 했습니다. 지구를 지키는 첫걸음이 될, 일상 속 작은 실천을 함께 제안합니다.

환경과 관련된 상태, 행위나
마음을 표현하는 말

말의 뜻

같은 말을 활용할 수
있는 상황들

일상에서 실천할 수
있는 행동

표현을 활용할 만한 상황

차례

환경 사전 사용법 · 2

ㄱ

가꾸다 · 6
감사하다 · 8
개선하다 · 10
걱정하다 · 12
결심하다 · 14
경이롭다 · 16
공감하다 · 18
공존하다 · 20
구하다 · 22
기다리다 · 24
기억하다 · 26
기후 변화 · 28
깨끗하다 · 30
끼치다 · 32

ㄴ-ㄷ

나누다 · 34
나아가다 · 36
노력하다 · 38
뉘우치다 · 40
늦추다 · 42
다양하다 · 44
다짐하다 · 46
돌보다 · 48
돕다 · 50
동물권 · 52

ㅁ-ㅂ

맑다 · 54
멈추다 · 56
멸종되다 · 58
바꾸다 · 60
바라다 · 62
배려하다 · 64
변하다 · 66
보호하다 · 68
분류하다 · 70
불편하다 · 72

ㅅ

살리다 · 74
새활용 · 76
생명 · 78
생태계 · 80
소중하다 · 82
속상하다 · 84
순환하다 · 86
신비롭다 · 88
실천하다 · 90
심각하다 · 92
쓰다 · 94

ㅇ

아끼다 · 96
안심하다 · 98
안타깝다 · 100
알리다 · 102
약속하다 · 104
어울리다 · 106
에너지 · 108
예방하다 · 110
오염되다 · 112
위태롭다 · 114
이어지다 · 116
잃다 · 118

ㅈ-ㅊ

자연환경 · 120
자원 · 122
재활용하다 · 124
절약하다 · 126
존중하다 · 128
줄이다 · 130
지구 온난화 · 132
지속하다 · 134
지키다 · 136
참여하다 · 138
책임지다 · 140
치우다 · 142
친환경 · 144

ㅌ-ㅎ

탄소 발자국 · 146
파괴하다 · 148
평등하다 · 150
평화롭다 · 152
푸르다 · 154
풍요롭다 · 156
함께하다 · 158
행동하다 · 160
협동하다 · 162
회복하다 · 164

가 꾸 다

| 식물을 심어 돌보거나 어떤 장소를 보살피다. |

풀이 무성한 놀이터 공터에 꽃씨를 심기.

미술 시간에 만든 작품들로

교실 뒤편의 공간을 아름답게 만들기.

"우리도 같이 해도 돼요?"

반 친구들과 학교 텃밭에 정성 어린 손길을 주기.

 한번 해 보자! 우리 반 화분 돌보미

교실에서 시들시들한 화분을 찾아 일주일 동안 물도 주고 잎도 닦아 주세요. 잎이 조금 더 싱싱해졌다면, 여러분 덕분일 거예요.

'이파리가 벌써 싱싱해지는 것 같아.'
선생님이랑 창가의 화분에 물을 주었어.

감사하다

고맙게 여기다.

'상처가 나아서 정말 다행이야.'

아파트 단지에서 자주 마주치는 고양이가 건강해졌을 때 드는 마음.

'숲 공기는 정말 상쾌해.'

맑은 공기를 만들어 주는 숲을 떠올릴 때 드는 마음.

산책하고 돌아오다가 무지개를 만났을 때의 마음.

한번 해 보자! 하루 한 줄 감사 기록가

자연이나 사람에게 고마운 일이 생기면 그 마음을 한 줄로 적어 보세요. 하루에 한 줄씩 모이면 마음속에 고마움이 가득할 거예요.

'복숭아를 잘 길러 주신 덕분에 맛있게 먹을 수 있네.'
좋아하는 과일을 먹을 때 그것을 기르고 수확한 사람을 떠올렸어.

개선하다

> 잘못된 것이나 부족한 것, 나쁜 것을 고쳐 더 좋게 만들다.

'은어가 많아지면 좋겠어.'

동네 하천에 맑고 투명한 물이 흐르도록 함께 노력하기.

좁고 지저분한 강아지 집을 넓고 깨끗한 집으로 고쳐 주기.

주말에 주민들과 함께 쓰레기를 주우면서

동네 환경이 나아지게 하기.

한번 해 보자! 새 말 발명가

'물고기' 대신 '물살이', '애완동물' 대신 '반려동물'처럼 더 다정한 말을 떠올려 보세요. 말이 달라지면 생각도 한 뼘 자라나요.

쓰레기로 가득했던 공터가

축구를 할 수 있는 공원으로 바뀌었어.

걱정하다

안심이 되지 않아 속을 태우다.

강물 위로 입을 뻐끔거리는 붕어를

바라볼 때 드는 마음.

'새는 어디에다 집을 짓지?'

숲의 나무가 아무렇게 베어진 모습을 볼 때 드는 마음.

남극의 빙하가 녹으면 펭귄은 어떻게 될지 안타까워하는 마음.

한번 해 보자! 상상하는 미래 화가

요즘 걱정되는 환경 문제를 하나 골라 바뀌었으면 하는 모습을 그림으로 그려 보세요. 여러분이 바라는 세상은 어떤 모습인가요?

'맑은 하늘은 언제 볼 수 있을까?'
황사가 뿌옇게 낀 하늘을 바라보았어.

결심하다

어떻게 하기로 마음을 정하다.

놀던 자리를 깨끗이 치우기로 스스로 정하기.

수돗물을 아껴 쓰기로 다짐하기.

'샴푸도 조금씩만 써야지.'

'사 놓고 안 쓰는 물건이 많네……'

앞으로는 꼭 필요한 물건만 사겠다고 생각하기.

 한번 해 보자! 일주일 약속 지킴이

한 가지 물건을 정해서 일주일 동안 덜 쓰기로 생각하고 잘 지켜 보세요. 결심을 지킬수록 여러분의 하루가 더 멋져질 거예요.

'바다거북의 코에 빨대가 걸려 있었대.'
플라스틱 빨대를 쓰지 않기로 마음먹기.

경이롭다

놀랍고 신기한 데가 있다.

'한번 안아 보고 싶어.'
오백 년이나 된 느티나무를 올려다보았어.

공감하다

남의 감정, 의견, 주장에 대하여 비슷한 마음을 느끼다.

산불로 터전을 잃은 산양을 뉴스에서 보고 마음 아파하기.

해수욕장에서 쓰레기를 본 엄마가

우리는 버리지 말자고 할 때 맞장구치기.

올해는 쉬는 해라 등산로에 들어가지 못했지만

숲도 쉬어야 한다는 말에 고개를 끄덕이기.

한번 해 보자! 친구 마음 전문가

동물이나 친구가 어떤 기분일지 생각해 보고 그 마음을 상상하며 함께 이야기해 보세요. 공감하는 마음이 점점 더 자라날 거예요.

스티로폼과 플라스틱 끈으로 만든

둥지를 보고 안타까웠어.

공존하다

> 서로 도와서 함께 존재하다.

갯벌에 게랑 조개랑 새가 함께 사는 것.

"우리가 숲을 지키면 숲은 동물들의 집과 맑은 공기를 지킨단다."

자연과 사람이 서로를 배려하면서 함께 잘 살아가는 것.

"밟으면 안 되니까 살짝 돌아가자."

길가에 핀 민들레 옆을 조심조심 지나가기.

한번 해 보자! 조용한 공간 지킴이

공원이나 하천에서 동물이나 식물을 만났다면 마음으로만 반갑게 인사하고 지켜봐 주세요. 함께 살아가는 법을 몸으로 배울 수 있어요.

산에 자동차가 다니는 길을 내면서
야생 동물이 다닐 수 있는 길도 만들었대.

구하다

위태롭거나 어려운 상황에서 벗어나게 하다.

"엄마, 이게 공기주머니가 있는 마름이라고 했지?"

길에서 말라 가던 식물을 조심히 들어 연못에 다시 넣어 주기.

다리가 불편해 보이는 너구리를 보고

야생 동물 구조 센터에 전화하기.

가방에 들어간 방아깨비를 꺼내 풀숲으로 돌려보내기.

한번 해 보자! 위기 탈출 자연 구조대

도움이 필요한 식물이나 동물을 발견하면 어른과 함께 조심스럽게 도와주세요. 우리의 작은 손길이 큰 힘이 될 수 있어요.

버려진 그물에 걸린 갈매기의 발을 빼 주었어.

'잘 날아갈 수 있겠지?'

기 다 리 다

어떤 사람이나 때가 오기를 바라다.

'애벌레로 몇 년이나 땅속에 살다니.'

깜깜한 땅속에 사는 애벌레가 매미가 되어 울 날을 기대하기.

찌는 듯이 더운 여름에 소나기가 오기를 바라기.

'언제쯤 날아오를까?'

갈대숲에서 겨울 철새인 흑두루미 떼가 날 때까지 있기.

한번 해 보자! 초록 관찰자

씨앗을 심고 관찰하면서 변화를 매일 조금씩 그림이나 글로 남겨 보세요. 기다리는 동안 더 많이 사랑하게 될 거예요.

아빠랑 같이 할머니 댁 마당에 심은 사과나무에

얼른 열매가 열리면 좋겠어.

기억하다

이전의 인상이나 경험을 떠올리거나 도로 생각해 내다.

할아버지가 밭에서 열심히 일하시던 모습을 떠올리며

보내 주신 옥수수를 맛있게 먹기.

'이 나무 이름이 뭐였더라? 아, 생각났다.'

동네 길가에 심어진 나무 이름을 떠올려 엄마한테 알려 주기.

가족들과 계곡으로 캠핑 갔을 때 보았던 반딧불이를 떠올리기.

오래도록 기억하고 싶은 장면을 생각해 보세요. 그림이나 짧은 글로 남겨 두면 다시 떠올릴 때 더 특별하게 느껴질 거예요.

지구의 날에 잊지 않고 소등 행사에 참여했어.

기후 변화

> 어떤 지역에서 오랜 기간에 걸쳐서 진행되는 기상의 변화.

'할머니가 요즘 농사 짓기 힘들다고 하시던데.'

사과와 배가 잘 자라지 않을 만큼 더위가 심한 상황.

기온이 높아지고 건조해지면서

가뭄과 산불이 더 자주 일어나는 상황.

여름이 길어진 탓에 예전보다 단풍이 늦게 들기 시작하는 상황.

한번 해 보자! 날씨 전문 기자

오랫동안 이어지는 날씨의 변화를 '기후'라고 해요. 특별했던 날씨와 그때의 기분을 모아 나만의 기사를 써 보세요.

'눈 때문에 나뭇가지가 부러졌네.'
봄인데도 눈이 너무 많이 내리는 상황.

깨끗하다

때나 먼지 없이 말끔하다.

방 정리를 마쳐 깔끔하게 정돈되어 있는 상태.

'어쩌면 저렇게 하얗고, 어쩌면 저렇게 파랗지?'

뭉게구름이 둥실둥실 떠 있는 파란 하늘을 볼 때 드는 느낌.

'머리가 맑아지는 것 같아.'

새소리가 들려오는 숲길을 걷다가 크게 숨을 들이쉴 때의 느낌.

한번 해 보자! 반짝반짝 정리 대장

책상 위, 가방 안처럼 어지럽거나 지저분한 곳을 골라 말끔하게 정리해 보세요. 깨끗해진 자리를 보면 마음도 상쾌해질 거예요.

'우아, 지느러미까지 다 보여.'
아빠랑 산책하다가 바닥까지 들여다보이는 냇가를 만났어.

끼 치 다

영향이나 해를 입게 하다.

우리가 꽃밭을 만들면 벌과 나비가 찾아오고

쓰레기를 버리면 악취가 생기는 것.

선생님이랑 우리 반 친구들이 신나게 하늘을 바라보니까

다른 반 친구들도 나와서 바라보는 것.

내가 쓰레기를 주우면 동생이 따라 줍는 것.

한번 해 보자! 행복 전파 요정

친구에게 먼저 웃어 주거나 다정한 인사를 건네 보세요. 여러분의 작은 행동이 누군가의 하루를 기분 좋게 바꾸어 줄 거예요.

공장에서 오염된 물을 강으로 흘려보내면
은어나 다슬기가 살지 못한대.

나누다

즐거움이나 고통을 함께하다.

"제가 키운 것이라서 더 맛있을 거예요."

학교 텃밭에서 수확한 고구마를 이웃집에 드리기.

우리 집에서 쓰지 않는 물건을 기부하는 가게에 가져가기.

외할머니 댁 뒤란에서 밤을 주우며

다람쥐 몫도 남기기.

한번 해 보자! 나눔 실천가

집에서 쓰지 않는 물건을 깨끗하게 손질해서 나누어 보세요. 아끼던 물건을 잘 보내 주면 마음이 가볍고 따뜻해질 거예요.

내가 타던 자전거를 사촌 동생에게 물려주었어.

나아가다

> 목표로 삼은 방향을 향하여 가다.

'한 사람이 한 그루씩, 백 사람이 나무를 심으면 백 그루나 되잖아!'

한 그루씩 나무를 심으며 숲을 이루기.

한 달에 한 번씩 엄마, 아빠와 함께 산책하면서 쓰레기를 줍기.

숲과 사람, 야생 동물이 어우러지는 도시가 되도록

나무를 가꾸고 쉼터를 만들기.

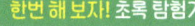

한번 해 보자! 초록 탐험가

동네에 나무가 많은 곳이나 쓰레기가 없는 골목을 찾아 지도에 초록색으로 표시해 보세요. 여러분이 걷는 길이 초록으로 물들 거예요.

엄마, 아빠, 반 친구들과 기후 위기의 심각성을 알리는 행진 캠페인에 참여했어.

노력하다

목적을 이루기 위하여 몸과 마음을 다하여 애를 쓰다.

'잘 안 떨어지지만 그래도…….'

종이 상자를 분리배출할 때 테이프를 깨끗이 떼어서 내놓기.

양치질할 때 물을 쓸 만큼만 컵에 받기.

'귀찮지만 불 끄고 와야겠다.'

침대에 누워 있다가 일어나 불을 끄고 자기.

한번 해 보자! 하루하루 실천가

물을 아끼고, 전기를 끄고, 쓰레기를 줄이는 일을 하루에 하나씩 실천해 보세요. 작지만 꾸준한 노력이 진짜 변화를 만들어요.

'아차차, 잘 챙겼는데 놓고 올 뻔했네.'
현장 학습 날, 집에서 휴대용 물병을 챙겨서 나왔어.

뉘우치다

스스로 잘못을 깨닫고 반성하는 마음을 갖다.

바닥에 함부로 쓰레기 버린 일을 돌이켜 보기.

'에어컨을 안 끄고 나갔었구나.'

밖에 나갈 때는 전기 제품의 전원을 꼭 꺼야겠다고 마음먹기.

배달 음식 쓰레기가 쌓이는 모습을 보고

여러 번 쓸 수 있는 용기를 챙기기로 다짐하기.

한번 해 보자! 실수 발견 탐정

전에 실수한 일을 떠올리고, 다음에는 어떻게 다르게 하면 좋을지 생각해 보세요. 생각하는 힘이 더 나은 나를 만들어요.

'왜 이렇게 많이 남겼지?'

앞으로는 음식을 먹을 만큼만 받아 와야겠다고 생각했어.

늦추다

정해진 때보다 지나게 하다.

한 번 쓰고 버리는 물건은 사지 않기.

'환경 오염을 최대한 막아야 해.'

연습장을 마구 쓰지 않고 아껴 쓰기.

'사소하지만 이런 것도 기후 변화를 막는 데 도움이 되겠지?'

나무를 심어서 땅이 사막으로 변하는 것을 예방하기.

한번 해 보자! 느릿느릿 환경가

물건을 사기 전 잠깐 멈추어서 정말 필요한지 한 번 더 생각해 보세요. 종이, 전기, 물을 천천히 아껴 쓰면 지구도 더 건강해질 거예요.

'지구가 더 뜨거워지면 안 돼.'
에어컨을 끄고 선풍기를 틀었어.

다양하다

모양, 빛깔, 형태, 양식이 여러 가지로 많다.

'이게 겨울눈이구나.'

풀과 나무들이 각자의 방식으로 겨울을 보낸다는 것.

'모래무지는 모래가 많은 곳을 좋아하네.'

생물이 저마다 좋아하는 환경이 다르다는 것.

생태계를 많은 종이 함께 이루고 있다는 것.

> **한번 해 보자! 다양한 생물 찾기왕**
>
> 공원이나 들판을 산책하며 다양한 나무, 풀, 꽃을 찾아 사진이나 그림으로 모아 보세요. 다르다는 것은 신기하고 멋진 일이에요.

졸참나무, 굴참나무, 상수리나무, 떡갈나무, 신갈나무, 갈참나무······.
참나무의 종류는 정말 많아.

다짐하다

마음이나 뜻을 굳게 정하다.

'작년의 나와는 달라.'

공책이나 연필을 쓰다가 쉽게 버리지 않기로 마음먹기.

놀이터에서 개미를 괴롭히지 않기로 다짐하기.

'이제는 채소를 남기지 않을 거야.'

소시지만 고집 안 하고 골고루 먹기로 결심하기.

한번 해 보자! 스스로 약속 대장

환경을 위해 꼭 하고 싶은 일을 하나 정하고, 잊지 않도록 일기나 메모에 적어 보세요. 꾹 다짐한 마음은 분명 행동으로 이어질 거예요.

나부터 비닐봉지를 안 쓰기로 했어.

돌보다

관심을 가지고 보살피다.

고모가 여행으로 며칠간 집을 비우는 사이에

강아지를 맡아서 보살피기.

우리 반에서 가꾸는 텃밭의 상추에 물을 주기.

친구와 싸우고 속상했던 마음을

스스로 다독이며 챙기기.

한번 해 보자! 길고양이 돌보미

동네에서 자주 보는 길고양이를 조용히 지켜보고, 깨끗한 물을 담은 그릇을 놓아 보세요. 마음은 말 없이도 전해질 수 있어요.

여름 방학 동안 할머니 댁 거위에게 먹이를 주었어.
"여기에 있는 동안은 내가 책임질게."

돕다

다른 사람이 하는 일이 잘되도록 힘을 보태다.

친구랑 얼른 같이 놀고 싶어서

뒷정리를 함께 해 주기.

누나가 설거지할 때 옆에서 그릇의 물기를 닦기.

방울토마토를 수확하시는 할머니 옆에서

나도 하나씩 따 보기.

한번 해 보자! 옆자리 도우미

떨어진 물건을 주워 주거나, 무거운 상자를 함께 들어 보세요. 누군가를 도우면 마음도 같이 가벼워져요.

'이 정도는 나도 들 수 있어.'
분리배출하는 날, 작은 봉지를 들고 아빠를 따라나섰어.

동물권

> 동물에게 주어지는 기본적인 권리.

'돌고래는 재롱을 피우기 위해 태어난 것이 아니야.'

돌고래를 구경거리로 삼지 말아야 한다는 것.

재미 삼아 동물들끼리 싸움을 붙이면 안 된다는 것.

풍뎅이는 풍뎅이대로 고슴도치는 고슴도치대로

존중받으며 살아야 한다는 것.

동물원이나 수족관에서 동물의 마음을 상상해 보세요. 우리가 어떻게 행동해야 할지 자연스럽게 느껴질 거예요.

'알파카는 마음껏 뛰어놀아야 하는데…….'
알파카가 좁은 곳에서 지내지 않았으면 좋겠어.

맑다

티가 섞이거나 흐리지 않고 깨끗하다.

"아, 상쾌해."

편백나무 숲을 걷다가 숨을 크게 들이마실 때 드는 느낌.

"참 예쁜 눈이야."

나를 물끄러미 보는 송아지의 눈을 바라볼 때 드는 느낌.

아침 햇살에 반짝이는 샘물을 볼 때의 느낌.

하늘을 유심히 바라보며 맑은 느낌이 드는 순간을 찾아 보세요. 그런 날을 기억해 두면 봄도 마음도 한결 가벼워질 거예요.

'구름 한 점 없네.'
비가 그친 뒤 하늘을 바라보았어.

멈추다

> 동작을 그치다.

"위험하기도 하고 나무도 힘들잖아."

매미를 잡으러 나무에 오르려는 친구를 말리기.

횡단보도에서 신호등이 파란불로 바뀔 때까지 기다리기.

동물들을 아프게 하는 실험을 거친 제품을 쓰기 않기.

한번 해 보자! 갸웃갸웃 생각왕

물건을 버리거나 자리를 뜨기 전에 한 번 더 생각해 보세요. 멈추고 생각하는 바로 그 순간이 멋진 실천이 될 거예요.

아빠랑 산에 갔다가 주웠던 도토리를 다시 놓고 왔어.

멸종되다

> 생물의 한 종류가 아주 없어지다.

'박물관에 가면 볼 수 있을까?'

어떤 동물들은 모형으로만 만날 수 있다는 것.

뿔이나 가죽을 얻고자 하는 사람들의 욕심 때문에

사라진 동물들이 있다는 것.

이억오천만 년 전에 살았던 공룡을 화석으로만 만난다는 것.

한번 해 보자! 사라진 동물 이야기꾼

멸종된 동물을 찾아 이름을 기억하거나 친구에게 알려 주세요. 기억하는 마음은 다른 생명을 지키는 첫걸음이에요.

앞으로 만나지 못할 수도 있는 동물들에 대해
친구들과 이야기 나누었어.

바꾸다

> 원래의 내용이나 상태를 다르게 고치다.

예전에는 게임기를 켜 놓고 밥을 먹었는데

지금은 그렇게 하지 않는 것.

갯벌을 되살리기 위해 막힌 둑을 트는 것.

함께 고민하고 목소리를 내어

세상이 달라질 수 있게 노력하는 것.

한번 해 보자! 지구 식탁 미식가

제철 채소처럼 평소 잘 먹지 않던 재료의 맛을 알아 가 보세요. 여러분의 식탁이 지구를 아끼는 밥상으로 바뀔 거예요.

집에서 일반 주방 세제 대신
천연 주방 세제를 써 보기로 했어.

바 라 다

생각이나 바람대로 어떤 일이나 상태가 이루어졌으면 하고 생각하다.

배려하다

> 도와주거나 보살펴 주려고 마음을 쓰다.

"쉿, 저기에 새 둥지가 있는 것 같아."

어미 새가 알을 품고 있는 것을 보고는 다른 길로 다니기.

감을 딸 때 겨우내 까치가 먹을 것을 남기기.

'저녁이니까 쿵쿵 뛰지 말아야지.'

동생과 뛰어놀다가 아랫집을 생각해서 멈추기.

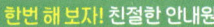 **한번 해 보자! 친절한 안내원**

여럿이 함께 쓰는 공간을 떠올리고 필요한 안내 문구를 적어 보세요.
친절한 말 한마디가 있으면 모두가 기분 좋게 함께할 수 있어요.

엄마, 아빠랑 산에 올라갔다가 다람쥐를 발견하고는
놀라지 않게 살금살금 지나갔어.

변하다

이전과 달라지거나 딴것으로 되다.

비가 내리지 않아서

잘 자라던 풀과 나무가 시들시들해지는 것.

자주 가던 공원이 없어지고 아파트가 생기는 것.

상온에서는 시간이 지나면 얼음이 물로 녹는 것.

> **한번 해 보자!** 변화 수집가
>
> 달라진 자연의 모습을 찾아 그림이나 짧은 글로 남겨 보세요. 변화를 기록하는 일이 자연을 지키는 마음으로 이어질 거예요.

'올해는 왜 이렇게 덥지?'
예전보다 여름이 훨씬 더 빨리 오는 것 같아.

보호하다

> 위험하거나 곤란하지 않도록 보살펴 주다.

'위험하게 왜 밖으로 나왔니?'

보도블록 위로 나온 지렁이를 막대기로 들어 화단에 넣어 주기.

'이번 태풍에 쓰러졌나 봐.'

쓰러진 나무를 지지대로 받쳐 주기.

어떤 식물인지 궁금해도 줄기를 함부로 꺾지 않기.

 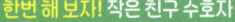

길가에서 만난 작은 생명을 조심히 다뤄 보세요. 여러분이 지켜 준 덕분에 오늘 하루가 더 안전했을지도 몰라요.

산책로에서 만난 사슴벌레를 눈으로만 보았어.

분류하다

종류에 따라 가르다.

'아무렇게나 섞어서 버리면 안 돼.'

비닐은 비닐끼리, 유리는 유리끼리 모아서 버리기.

다 쓴 건전지는 따로 모았다가 폐건전지 수거함에 넣기.

"이건 아직 좋아하는데, 이건 너무 작아졌어."

옷장을 정리하면서 잘 입는 옷과 안 입는 옷을 나누기.

한번 해 보자! 분리배출 탐정

버리기 전에 이 쓰레기가 어디로 가야 할지 추리해 보세요. 쓰레기통 근처에 있는 안내 그림도 좋은 단서가 될 거예요.

음식물 분리수거통에 넣으려던 달걀 껍데기를

일반 쓰레기통에 넣었어.

불편하다

어떤 것을 사용하거나 이용하는 것이 거북하거나 괴롭다.

"오늘도 마스크 써야 해?"

황사가 심해서 마스크를 쓰고 나가야 할 때 드는 마음.

오리털 패딩 점퍼를 선물받아서 마냥 좋아했는데

가슴 털이 뽑힌 오리가 이따금 생각날 때 드는 마음.

플라스틱 용기에 붙은 상표가 잘 안 떨어질 때 드는 마음.

한번 해 보자! 지구를 위한 발명가

우리에게 편리한 물건도 환경을 생각하면 불편하게 느껴질 때가 있어요. 그때는 이유를 생각해 보고 바꾸고 싶은 점도 떠올려 보세요.

누군가 몰래 버린 음식물 쓰레기에서

고약한 냄새가 풍길 때 드는 마음.

살리다

잃어 가던 생명을 다시 지니게 하다.

'멸종 위기종인 흰수마자가 돌아왔어.'

모든 생명이 자유롭게 오가며 살 수 있도록 물길을 열어 주기.

말라 가던 습지를 회복시켜 도롱뇽과 맹꽁이가 돌아오게 하기.

"여기에서 잘 살았으면 좋겠다."

갯벌에 조개를 데려와서 풍요로운 환경을 만들기.

한번 해 보자! 숨은 공간 구조대

오랫동안 쓰지 않은 공간을 살펴보고 쓰레기를 줍거나 자리를 정리해 보세요. 그 공간이 다시 숨 쉬는 것처럼 느껴질 거예요.

식목일 행사에 참여해서 다 같이 나무를 심었어.

새활용

> 버려지는 물건에 창의성과 디자인을 더해 새롭게 쓰는 일.

일회용 플라스틱 컵으로 우리 집 식물의 화분을 만들기.

'페트병으로 옷을 만들 수 있다고?'

버려진 페트병에서 실을 뽑아서 친환경 옷을 만들기.

'우아, 현수막이 돗자리가 되었네!'

버려진 현수막을 바느질해서 돗자리를 만들기.

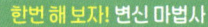
한번 해 보자! 변신 마법사

헌 양말이나 우유갑처럼 버려질 물건에 새 용도를 찾아 주세요. 새롭게 태어난 물건을 보면, 기분도 덩달아 환해질 거예요.

엄마가 작아진 옷으로 멋진 가방을 만들어 주셨어.

생명

동물과 식물이 살아 있게 하는 힘.

모든 존재가 각자 자리를 지키며 살아가.

생태계

생물이 살아가는 세계.

눈에 잘 보이지 않는 플랑크톤부터

멸치, 참치, 거대한 흰긴수염고래까지 함께 살아가는 것.

곤충은 풀잎을 먹고, 새는 곤충을 먹고,

오소리가 새를 먹는 관계.

보이든 보이지 않든 우리와 함께 살아가는 모든 것.

한번 해 보자! 생태계 관찰자

공원이나 숲에 가면 식물과 곤충을 조심히 관찰해 보세요. 자연을 조용히 들여다보는 시간이 자연을 아끼는 마음으로 이어질 기예요.

햇빛, 공기, 바람, 물…….
모두 여기 우리와 함께 있어.

소중하다

> 매우 귀중하다.

고양이가 내 무릎 위에 올라와 가만히 앉아 있을 때 드는 마음.

꽃가루를 옮기는 작은 벌을

경이롭게 바라보는 마음.

'개구리가 되면 폴짝폴짝 뛰어다니겠지?'

막 알에서 깬 올챙이를 보았을 때 드는 마음.

한번 해 보자! 발견의 달인

실밥 풀린 인형, 몽당연필처럼 낡은 물건을 보며 내가 함께한 시간을 떠올려 보세요. 소중히 여겼던 마음을 발견할 수 있을 거예요.

'아까워서 어떻게 먹지?'

우리가 심은 씨감자에서 다섯 개도 넘는 감자가 열렸어.

속상하다

화가 나거나 걱정이 되어서 마음이 불편하다.

기대하던 현장 체험 학습이 미세 먼지가 심해

갑자기 취소되었을 때 드는 마음.

놀이터 구석에 아무렇게나 버려진 쓰레기를 볼 때 드는 마음.

'혼자서 얼마나 무서울까…….'

길에 버려져 떠돌아다니는 강아지를 볼 때의 마음.

한번 해 보자! 마음 생태 기록가

속상한 장면을 본 날에는 그 마음을 짧은 글로 적어 보세요. 내가 느낀 감정을 지켜보는 일이 자연을 소중히 바라보는 시작이에요.

유리창에 부딪힌 새가 위태로이 날아가는 모습을 보았어.

순환하다

주기적으로 자꾸 되풀이하여 돌다.

벼룩시장에서 필요한 물건을 사고

필요 없는 물건은 다른 사람이 쓰게 하는 것.

우리가 건강하게 가꾼 숲이

맑은 공기와 새소리를 내주는 것.

시간이 흐르면 새 계절이 돌아오는 것.

한번 해 보자! 물건 역사 탐정

물려받은 옷이나 책이 있다면 누구 것이었는지 알아보세요. 물건이 어떻게 순환되었는지 알면 그 물건이 더 특별하게 느껴질 거예요.

강이나 바다에 있는 물이 증발해서 구름이 되었다가

비나 눈이 되어 내려온대.

신비롭다

신기하고 묘한 느낌이 있다.

'거짓말처럼 길이 보이기 시작하네!'

썰물 때 바닷물이 빠지면서 작은 섬으로 가는 길이 열릴 때의 마음.

장수풍뎅이가 날개돋이 하는 것을 볼 때의 마음.

'씨앗이 하트 모양이네!'

풍선초 씨앗을 자세히 들여다보았을 때 드는 마음.

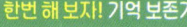 한번 해 보자! 기억 보존가

올해 가장 신기하고 마법 같은 일을 한 가지 떠올리고 적어 보세요.
기억하고 싶은 그 순간을 오랫동안 간직할 수 있을 거예요.

'소원을 빌어야지!'

강가에 앉아서 밤하늘에 선을 그으며 떨어지는 별똥별을 보았어.

실천하다

생각한 대로 행동하다.

사탕 껍질을 길에 버리지 않고 호주머니에 넣기.

"가까우니까 괜찮아요."

아빠가 학원까지 차를 태워 준다고 했지만 걸어가기.

"운동하면서 환경도 지킬 수 있어."

친구와 공원에서 달리기하면서 쓰레기를 줍기.

한번 해 보자! 선한 영향력 실천가

환경을 위해 노력하는 습관이 있다면 친구나 가족에게 소개해 보세요. 여러분 덕분에 작은 힘들이 모여서 지구를 지킬 수 있어요.

엄마랑 장 보러 갈 때 장바구니를 챙겼어.

심각하다

> 상태나 정도가 크고 무겁다.

'하루 만에 이렇게 많이 생겼네.'

캠핑장 구석에 산처럼 쌓인 쓰레기를 볼 때 드는 마음.

하늘이 뿌옇게 보일 만큼 미세 먼지가 많은 날

학교에 갈 때 드는 마음.

플라스틱 쓰레기가 섬을 이루고 있는 사진을 볼 때의 마음.

한번 해 보자! 생활 쓰레기 기록가

일주일 중 언제 쓰레기가 가장 많이 나오는지 살펴보세요. 조금 신경을 쓰면 쓰레기를 훨씬 덜 만들게 될 거예요.

우리 아파트 단지에서 쓰레기가 얼마나 많이 나오는지를 보았어.

쓰 다

어떤 일을 하는 데에 재료나 도구를 이용하다.

엄마가 텃밭에서 키운 수세미로 설거지하기.

'가위는 여기에 넣고, 딱풀은 저쪽 칸에 넣어야지.'

내가 직접 만든 종이 수납 상자를 사용하기.

여름에 등산할 때 휴대용 선풍기를 사용하기.

"이제 충전해야겠다."

 **한번 해 보자!** 사용 기록 요원

하루 동안 내가 몇 개의 물건을 사용하는지 꼼꼼히 세어 보아요. 많이 쓰고 있다는 것을 알면 더 아껴 쓰고 싶어져요.

휴지, 풀, 물, 휴대 전화·······.
우리는 매일 많은 것들을 사용하고 있어.

아 끼 다

소중하게 보살피거나 위하는 마음을 가지다.

비 오는 날, 마당에 있던 자전거를 현관으로 옮기는 마음.

'입학식 날 선물받은 것이라서 더욱 특별해.'

교실 어항에서 지내는 금붕어에게

아침마다 먹이를 챙겨 주는 마음.

좋아하던 우산이 바람에 휘어졌지만 고쳐서 계속 쓰는 마음.

내가 소중하게 여기는 무언가를 떠올려 보세요. 그 마음을 되새기면 더욱 오래 아껴 쓸 수 있을 거예요.

지우개와 연필을 오래오래 사용할 거야.

안심하다

모든 걱정을 내려놓고 마음을 편히 가지다.

"벌레를 쫓는 약도 안 쓰고 열심히 키운 거야."

가족과 주말 텃밭에서 키운 오이와 상추를 먹을 때 드는 마음.

시들었던 화분이 생기를 되찾았을 때의 마음.

'여기서는 쓰지 않아도 되겠어.'

마스크를 벗고 공기가 맑은 숲길을 걸을 때 드는 마음.

 한번 해 보자! 마음 쉼터 탐색가

나를 편하게 해 주는 자연 속 장소를 찾아 보세요. 그곳을 좋아하게 될수록 자연을 아끼고 싶은 마음도 함께 자랄 거예요.

새끼 박새가 날아서 나뭇가지에
앉은 모습을 볼 때 드는 마음.

안타깝다

보기에 딱하여 가슴 아프고 답답하다.

엄마랑 같이 산에 올라갔는데
함부로 버린 쓰레기들이 잔뜩 쌓여 있을 때의 마음.

'얼마나 괴롭고 아플까.'
자동차에 치이어 다리를 다친 고라니를 볼 때의 마음.

폭우로 농작물이 물에 잠겼다는 뉴스를 볼 때 드는 마음.

한번 해 보자! 척척 문제 해결사

걱정되는 일이 있다면 어떻게 해결하면 좋을지 떠올려 보세요. 친구나 가족과 함께할 방법을 찾아도 좋아요.

버려진 그물에 걸려서 괴로워하는 물개를 보았어.

알리다

사물이나 상황에 대한 정보나 지식을 알게 하다.

갯벌 생태 체험에 다녀온 다음 날,

친구들에게 갯벌에 얼마나 많은 생물이 살고 있는지 이야기하기.

"잘 봐. 상표를 이렇게 떼면 돼."

동생에게 생수병을 재활용하는 방법을 말해 주기.

왜 우리가 숲을 지켜야 하는지 친구들에게 설명하기.

한번 해 보자! 비밀 공유 모임

나만 알고 있는 특별한 사실 한 가지를 소개해 보세요. 친구들과 각자 알고 있는 내용을 나누면 꽤 많은 사실을 알 수 있게 돼요.

새들이 유리창에 부딪히는 것을 막을 수 있는 방법을 친구들에게 설명해 주었어.

약속하다

다른 사람과 앞으로 어떻게 할 것인지 미리 정하여 두다.

"엄마, 물은 내가 줄래요!"

새로 들인 화분에 물을 잊지 않고 챙겨 주기로 다짐하기.

우리 집 강아지에게 언제까지나 함께하자고 이야기하기.

환경을 위해 하고 있는 노력을

한 달에 한 번씩 친구들과 나누기로 하기.

한번 해 보자! 스스로 약속 지킴이

올해 꼭 지키고 싶은 한 가지를 정해서 적어 보세요. 나와의 약속을 지킨다는 마음으로 노력하다 보면 어느새 실천할 수 있을 거예요.

엄마와 나눈 이야기를 떠올리며
방에서 나올 때 불을 껐는지 확인했어.

어울리다

함께 사귀어 잘 지내다.

집을 지을 때 큰 나무를 베지 않고 짓는 것.

'이게 어도인가 봐.'

하천 생물이 오갈 수 있는 길을 만드는 것.

바닷가 마을에 갈매기, 고둥, 돌게, 사람이

함께 사는 모습.

한번 해 보자! 다정한 친구

친구들과 사이좋게 지내기 위해 어떤 점을 배려하면 좋을지 이야기해 보세요. 서로 존중하며 다가가면 좋은 친구가 될 거예요.

콩 세 알을 심으면

한 알은 새가 먹고

한 알은 벌레가 먹고

한 알은 사람이 먹을 수 있어.

작은 것도 나누어 먹으면 함께 살아갈 수 있어.

에 너 지

사람이나 사물이 움직이거나 일할 수 있게 하는 힘.

'어떻게 빛을 이용해서 영양분을 만들지?'

햇빛을 받아 자라고 열매를 맺는 식물의 힘.

높은 곳에서 떨어지는 물의 힘을 이용해서 만드는 전기.

'먹으니까 힘이 나네!'

밥이나 떡볶이를 먹으면 생기는 힘.

> **한번 해 보자! 우리 집 에너지 탐정**
> 우리 집에서 어떤 에너지가 사용되고 있는지 찾아 보세요. 주위에 다양한 에너지가 있다는 사실을 알 수 있을 거예요.

바람을 이용해 전기를 만들어.

예방하다

질병이나 재해가 일어나기 전에 미리 대처하여 막다.

"아빠, 여기 바닷가에 쭉 심어져 있는 나무는 뭐예요?"

거칠고 강한 바람을 막기 위해 나무를 심어 숲 만들기.

엄마랑 장 보러 가기 전에 가스 밸브를 잘 잠갔는지 확인하기.

'자전거를 타고 가야지.'

더 맑고 파란 하늘을 위해 자동차 타는 횟수를 줄이기.

한번 해 보자! 교실 안전 지킴이

안전사고가 일어나지 않으려면 무엇을 주의해야 하는지 떠올려 보세요. 미리 조심하면 교실에서 더욱 안심할 수 있어요.

'전기난로를 켜 놓고 가면 위험해.'
가족 여행을 가면서 전기 플러그를 뽑았어.

오염되다

더럽게 물들다.

'한번 더러워진 물을 깨끗하게 바꾸기는 쉽지 않아.'

공장에서 잘못 흘러나온 폐수가 맑은 냇물을 더럽게 하는 상황.

땅속에 음료수 병이나 비닐이 묻혀 있는 모습.

폐기름으로 덮인 갯벌에 더 이상 게가 살 수 없는 상황.

한번 해 보자! 쓱싹 오염 해결사

지저분해서 불편한 장소가 있다면 가족 또는 친구와 함께 청소해 보세요. 마음먹고 깨끗이 치우면 훨씬 쾌적하게 지낼 수 있어요.

더러워진 강물에 죽은 잉어가 떠 있는 모습을 보았어.

위태롭다

마음을 놓을 수 없을 만큼 위험하다.

'누렇게 타들어 가고 있어.'

오랫동안 비가 오지 않아 곡식이 시들고 있다는 것.

'수명을 다한 인공위성도 계속 떠 있겠지?'

땅과 바다는 물론 우주에까지 쓰레기가 늘고 있다는 것.

비가 너무 많이 내려서 산사태가 일어나는 상황.

 한번 해 보자! 환경 구조대

도움의 손길이 필요한 곳이 있다면 내가 할 수 있는 작은 일부터 지원해 보세요. 구조대의 임무는 그때부터 시작되어요.

자동차가 달리는 도로로 잘못 나온 동물을 만났어.

이어지다

끊어지지 않고 계속되다.

우리 동네 강물을 소중히 쓰면

백 년 뒤에도 맑고 깨끗한 물이 흐른다는 것.

겨울을 견딘 씨앗이 봄에 새싹을 틔운다는 것.

플라스틱을 많이 버리면

물에 녹은 미세 플라스틱을 우리가 먹게 될 수도 있다는 것.

한번 해 보자! 오래된 지혜 수집가

우리 집에서 오래 지켜 온 물건이나 습관을 떠올려 보세요. 그 안에 담긴 마음이 자연을 아끼는 지혜로 이어질 거예요.

생태계에서 중요한 역할을 하는 벌은
우리의 일상생활과도 연결되어 있어.

잃다

어떤 대상이 원래 지녔던 모습이나 상태를 유지하지 못하다.

나무를 많이 베어서 청설모와 같은

야생 동물의 터전이 사라져 간다는 것.

꽃이 사라지면 벌과 나비도 함께 사라진다는 것.

아빠가 어릴 때 송사리를 잡으며 놀았다는 냇가에

이제는 송사리가 없다는 것.

한번 해 보자! 보물 수호대

가장 잃고 싶지 않은 것 한 가지를 그림으로 그려 보세요. 소중히 여기고 지키려는 마음은 늘 강하답니다.

'밤에 삼촌이랑 걷다 보면 참 많이 들렸었는데…….'
마을 앞 둑이 없어지자 개구리 소리도 더 이상 들리지 않아.

자연환경

우리 주변에 있는 자연 그대로의 모습.

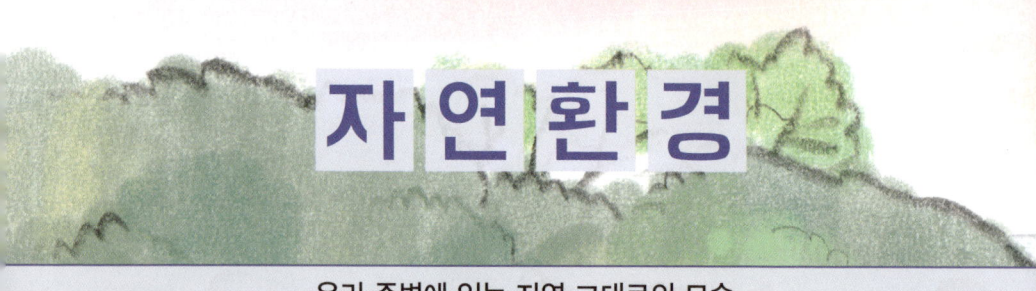

이제는 우리가 자연을 지켜 줄 차례야.

자 원

자연 속에서 사람이 유용하게 쓸 수 있는 것.

'기름이 다 떨어지면 엄마가 주유소에 가지.'

자동차를 달려 나가게 하는 화석 연료.

'약재로도 쓴다고?'

산에 있는 잣나무나 헛개나무에서 얻는 열매.

우리가 살아가는 데 꼭 필요한 자연의 힘.

한번 해 보자! 생활 속 자원 연구원

내 물건이 어떤 자원을 재료로 만들어졌는지 알아보세요. 자연과 내가 이어져 있다는 것을 느낄 수 있을 거예요.

꼭 필요한 만큼만 쓰고 쓴 만큼 잘 가꿔야겠어.

재활용하다

버려지는 물건의 쓰임새를 바꾸거나 가공하여 다시 쓰다.

내가 버리는 물건이 다시 쓰이기를 기대하면서

깨끗이 씻어서 버리는 것.

버려진 유리병이 수거된 뒤 공장에서

새로운 유리병으로 다시 탄생하는 것.

다 쓴 종이가 재생지로 만들어져 다시 사용되는 것.

한번 해 보자! 재활용 전문가

오늘 사용한 물건 중 재활용할 수 있는 것을 분리배출해 보세요. 다시 쓸모 있는 모습이 될 것을 상상하면 더 뿌듯할 거예요.

작은 유리병을 깨끗이 씻어서 양념통으로 만들었어.

절약하다

함부로 쓰지 않고 꼭 필요한 데에만 써서 아끼다.

'이제 충분히 시원해진 것 같아.'

여름에 에어컨을 너무 오래 틀지 않기.

'계속 여닫으면 전기가 많이 쓰인다고 했어.'

냉장고 문을 자주 열었다 닫았다 하지 않기.

겨울철에는 난방을 켜기 전에 옷을 챙겨 입기.

한번 해 보자! 우리 집 에너지 지킴이

텔레비전이나 컴퓨터를 안 쓸 때 전원이 켜져 있지 않은지 확인해 보세요. 이런 작은 습관이 에너지를 아끼는 데 도움이 돼요.

손에 비누칠을 하면서 물을 틀어 놓지 않았어.

존중하다

> 높이어 귀중하게 대하다.

강변에서 쉬는 새가 놀라지 않도록 가까이 다가가지 않기.

'원래 살던 곳에서 살 수 있기를.'

물범이 수족관이 아닌 바다에서 살게 하기.

'밤새 지었을 거야.'

학교 가는 길에 만난 거미집을 건드리지 않기.

한번 해 보자! 존중 실천가

고양이나 새처럼, 우리가 말을 알아듣지 못하는 동물의 기분을 상상해 보세요. 존중은 조심스럽게 다가가는 것에서 시작돼요.

창문을 열어 곤충을 자연으로 보내 주었어.

줄이다

양을 원래보다 작게 하다.

식사할 때 반찬을 평소보다 덜 남기기.

'예전에는 양손 가득 들고 나갔었는데.'

집에서 나오는 쓰레기의 양이 적어지도록 노력하기.

'이 정도면 충분해.'

몸을 씻거나 청소할 때 예전처럼 세제를 많이 쓰지 않기.

한번 해 보자! 빨리 씻기의 달인

오늘 샤워할 때 최대한 빠르게, 깨끗이 씻기를 목표로 해 보세요. 몇 분만 줄여도 꽤 많은 양의 물을 줄일 수 있어요.

너무 많이 포장된 택배보다

최소한으로 포장된 택배가 좋아.

지구 온난화

지구의 기온이 높아지는 현상.

빙하가 녹아서 바닷물의 높이가 점점 높아지는 상황.

'우리 할아버지는 바닷가에 사시는데 어떡하지?'

펭귄이나 북극곰이 살 곳이 점점 줄어들고 있는 상황.

자동차에서 나오는 이산화탄소를 비롯한 온실가스가 원인이 되어 일어나는 현상.

한번 해 보자! 한 걸음 환경 지킴이

오늘 하루 동안, 지구의 온도를 낮추는 습관을 찾아 보세요. 우리가 하는 행동 하나하나가 지구에 큰 힘이 돼요.

'점점 더 뜨거워지면 어떡하지?'
우리가 사는 지구의 온도가 갈수록 올라가고 있어.

지속하다

> 어떤 상태를 오래 계속하다.

새로운 나무를 심어서 숲을 가꾸어 나가는 것.

'숲도 사람도 계속 푸르를 거야.'

'오래오래 들을 수 있으면 좋겠어.'

맑은 새소리와 파도 소리를 먼 미래에도 계속 듣는 것.

하천 속 감돌고기가 내일도 모레도 잘 살아가는 것.

한번 해 보자! 끈기 만점 실천가

새해에 결심했던 것 중에서 계속 실천하고 있는 일을 일기에 적어 보세요. 한 해 동안 꾸준히 노력한 스스로를 칭찬하는 시간을 가져요.

바람, 태양, 파도를 이용한 에너지는 석유, 석탄처럼 온실가스를 배출하지 않고 없어지지도 않아.

지 키 다

위험이나 곤란이 미치지 않도록 잘 보살펴 돌보다.

맹꽁이가 모여 사는 곳에 함부로 건물을 짓지 않기.

'널따랗게 깔린 모래가 금빛으로 반짝이네.'

되는대로 댐을 만들어 강물이 흐르는 물길을 막지 않기.

다양한 생물이 살고 있는 갯벌에

공항이 지어지지 않도록 막기.

한번 해 보자! 자연 수비대

자연에서 지금 모습 그대로 변하지 않기를 바라는 점을 그려 보세요.
소중히 지키려는 마음이 모여서 큰 힘이 돼요.

삼백 년이 넘은 은행나무가
천 년 뒤에도 살 수 있도록 보살펴 줄 거야.

참여하다

> 어떤 일에 끼어들어 관계하다.

자전거 발전기 페달을 밟아서 전구에 불을 켜 보는 것.

'와, 정말 기대돼. 나도 갈 거야.'

주말 생태 학교에서 하는 도롱뇽 관찰하기 프로그램을 함께 하는 것.

환경 주제로 토론할 때 친구들의 의견에

귀 기울이고 내 의견도 내는 것.

한번 해 보자! 적극 참여자

교실에서 모둠 활동을 할 때 평소보다 한두 마디를 더 해 보세요. 과제에 흥미가 생기고 수업 내용을 더 재미있게 공부할 수 있을 거예요.

우리 동네 환경 살리기 운동을 보고
산책로 옆에 버려진 쓰레기를 주웠어.

책 임 지 다

어떤 일에 대한 책임을 맡아 안다.

'내가 좋아하는 두부조림이잖아?'

욕심부리지 않고 먹을 만큼만 음식을 덜어서 먹기.

새 식구가 된 우리 집 강아지의 밥과 물을 잘 챙기기.

'내가 먹은 것은 내가 정리해야지.'

아이스크림을 다 먹은 뒤에 빈 통을 깨끗이 씻어서 내놓기.

한번 해 보자! 스스로 감독관

교실이나 집에서 돌보는 식물의 상태를 확인해 보세요. 오랫동안 지켜보는 것은 더욱 아낀다는 뜻이에요.

베란다 텃밭 오이에 빼먹지 않고 물을 주고 있어.

치우다

> 물건을 다른 데로 옮기다.

"우아, 잘 놀았다."

놀던 자리를 정리하면서 내가 버리지 않은 것도 모아서 가져오기.

"위험하니까 가까이 오지 마세요."

선생님이 교실 바닥의 깨진 유리병 조각을 쓰레받기로 모으는 모습.

학교 화장실 앞 복도에 떨어진 휴지를 줍기.

한번 해 보자! 내 방 미화원

청소를 조금씩 미루어 왔다면 내 방을 깨끗이 정리해 보세요. 훨씬 산뜻한 기분으로 하루를 시작할 수 있을 거예요.

집에 가다가 스티로폼 상자를 주워서 알맞은 곳에 버렸어.

친환경

> 자연환경을 오염시키지 않고 있는 그대로 잘 어울리는 일.

일회용 빨대나 일회용 컵 사용을 줄이는 일.

'벌레가 좀 먹으면 어때.'

농약을 쓰지 않고 배추와 무를 키우는 일.

'이 나무는 그늘이 넓어서 좋아.'

나무를 함부로 베지 않고 숲과 어우러지는 집을 짓는 일.

한번 해 보자! 친환경 조사단

우리 집에 있는 친환경 제품을 한 가지 찾아 보세요. 재료, 쓰임, 표시를 살펴보면 어떤 점이 친환경적인지 더 잘 알 수 있어요.

아빠랑 마트에서 못난이 채소와 과일을 골랐어.

탄소 발자국

사람이 움직이거나 물건을 만들고 쓰는 동안 생기는 이산화탄소의 양.

자동차가 달릴 때 나오는 매연.

"잠깐 나갔다 올 건데 꺼야 해?"

텔레비전이나 컴퓨터가 켜져 있을 때 사용되는 전기.

"채소 먹는 날도 좀 늘려 볼까?"

고기를 먹기까지 쌓이는 흔적.

 **한번 해 보자! 탄소 발자국 탐정**

오늘 생활하며 어떤 탄소 발자국을 남겼는지 간단히 적어 보세요. 기록하는 것은 탄소 발자국을 줄일 수 있는 좋은 시작이 될 거예요.

이산화탄소는 지구 온난화를 일으켜.

파괴하다

무너뜨리거나 부수다.

산에 케이블카를 설치하면

야생 동물의 서식지가 사라진다는 것.

예전에 시골에서 흔히 보았다는 반딧불이를

더 이상 볼 수 없게 되는 것.

함부로 강물을 막고 댐을 만들어서 물이 흐르지 못하게 하는 것.

한번 해 보자! 숲 이야기꾼

사라진 숲에 다시 생명이 돌아오는 이야기를 지어 보세요. 작은 생명들이 함께 사는 숲의 소중함을 느낄 수 있을 거예요.

아파트를 짓기 위해 숲을 없애고
공사하는 모습을 보았어.

평등하다

권리, 의무, 자격이 차별 없이 고르고 한결같다.

평화롭다

평온하고 화목하다.

'놀라게 하면 안 돼.'

돌고래 가족이 푸른 바다에서 헤엄치는 모습을 볼 때 드는 마음.

'팔베개를 하고 누워 볼까.'

바람을 느끼며 한가로운 오후를 보내는 마음.

눈이 소리 없이 내리는 것을 가만히 바라볼 때 드는 마음.

한번 해 보자! 마음 평화 수호자

요즘 마음이 가장 편안한 순간을 일기에 적어 보세요. 내가 언제 마음의 힘을 얻는지 확인할 수 있을 거예요.

어미 고양이와 새끼 고양이가 나무 그늘 속에서

새근새근 자는 모습을 보았어.

밝고 선명하다.

'바다가 참 파랗네!'

바람이 부는 여름 바닷가 언덕에 앉아 있을 때의 느낌.

잔디밭에 누워서 맑게 갠 하늘을 바라볼 때 드는 마음.

'풀이 달려 나가는 것 같아.'

이삭이 팬 청보리밭을 걸을 때의 느낌.

한번 해 보자! 초록 공간 탐험가

소중한 사람과 함께 기분이 싱그러워지는 곳에 찾아가 보세요. 푸른 공간에서 쌓은 추억이 오래도록 마음을 밝혀 줄 거예요.

굽이굽이 강물이 흐르는 초여름 들판을 바라보았어.

풍요롭다

매우 많고 넉넉하다.

가을에 감과 알밤이 나무에 풍성하게 열리는 것.

농약을 쓰지 않으면 함께 먹을 수 있는

더 좋은 먹거리가 생긴다는 것.

'다시 살아나서 기뻐.'

강물이 살아난 덕분에 모래무지도 쉬리도 만난다는 것.

 한번 해 보자! 자원 관리자

자원이 넉넉할 때 좋은 점을 떠올리고, 그것이 없어진다면 어떨지 상상해 보세요. 지금 가진 것들이 더 소중하게 느껴질 거예요.

갯벌에서 조개와 게를 많이 만났어.

함께하다

경험이나 생활을 더불어 하거나 뜻이나 행동을 같게 하다.

"우리만 쓰는 공간이 아니야."

우리 주변의 동식물들과 더불어 잘 살아가기.

'나, 하나쯤이야.' 하는 생각을 가지지 않기.

"보리야, 산책 가자!"

우리 집 강아지와 시간을 함께 보내기.

한번 해 보자! 우리 집 실천 리더

가족회의에서 이번 달에 함께 실천하기로 한 일을 떠올려 보세요. 같이 지키는 약속은 혼자일 때보다 훨씬 든든하게 느껴져요.

종이컵을 안 쓰기로 친구들과 뜻을 모았어.

행동하다

몸을 움직여 어떤 일을 하다.

가까운 곳은 부모님 차를 타는 대신 걸어서 다니기.

'조금 먼 곳은 버스를 타면 돼.'

아빠 손을 잡고 동네 재활용품 가게에 함께 가기.

'아, 맞다. 플러그도 뽑으라고 했지.'

휴대 전화 충전이 다 되면 충전기 플러그를 뽑아 두기.

> **한번 해 보자! 일상 속 실천가**
>
> 가능하면 종이 타월 대신 손수건, 물티슈 대신 행주를 사용해 보세요.
> 일상 속 작은 실천이 모이면 지구가 건강해질 수 있어요.

'이건 내 컵. 이건 내 물통, 이건 내 도시락통.'
일회용품 대신 여러 번 쓸 수 있는 용기를 사용해.

협동하다

힘을 합하여 서로 돕다.

땅 밖으로 나온 풍뎅이 애벌레를 보고
삼촌이랑 힘을 합쳐서 감나무 근처 흙 속에 넣어 주었어.

"선생님, 이제 심으면 돼요?"
반 친구들과 함께 방울토마토 모종을 심기.

아빠랑 같이 주말 텃밭에서 따 온 완두콩을 까기.

> **한번 해 보자! 함께 실천가**
>
> 반 친구들과 함께 교실 정리를 할 때 역할을 나누어 해 보세요. 서로 힘을 모으면 멋진 결과가 나올 거예요.

친구가 봉투를 잡아 주어서 쓰레기를 금세 치울 수 있었어.

회복하다

원래의 상태를 되찾다.

'버들치는 맑은 물에서만 산다던데…….'

물이 맑아지자 깨끗한 물에서만 사는 버들치가 돌아왔어.

갯벌이 살아나서 갯고둥도 갯가재도 짱뚱어도 게도 돌아왔어.

농약을 치지 않자 한동안 들판에서 사라졌던

메뚜기가 보이기 시작했어.

 한번 해 보자! 마음 건강 지킴이

힘들고 속상한 일이 있을 때에는 가족과 함께 공원을 걸어 보세요. 자연과 함께 쉬다 보면 우리도 조금씩 회복할 수 있어요.

'다시는 산불이 나지 않으면 좋겠어.'
나무가 자라난 숲에 새들이 들어와 살기 시작했어.

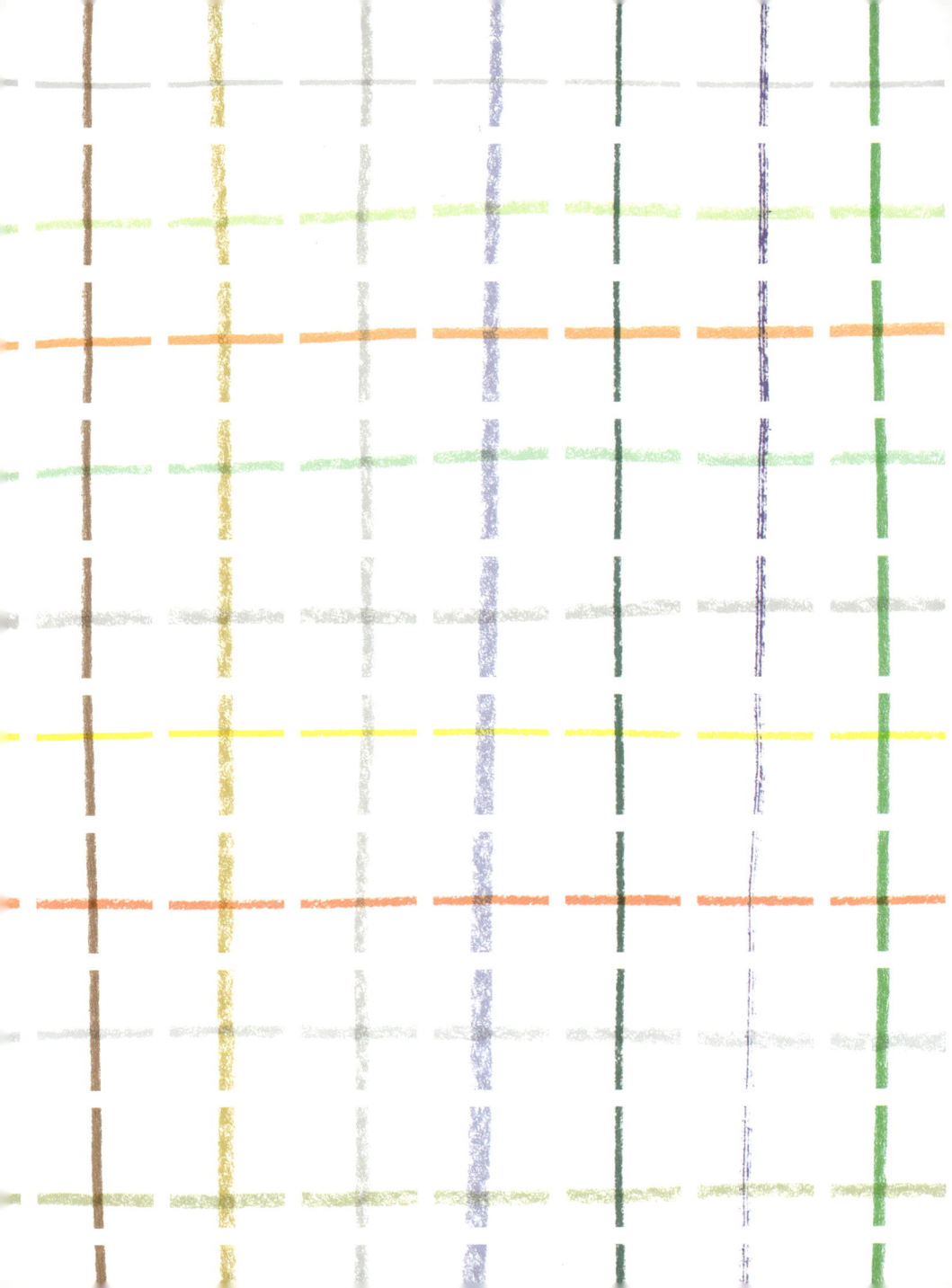